한 순간의 진실

월간 오디오북 **옹달샘** 2011년 1월(창간호)
BBS 불교방송 5분 명상

한 순간의 진실

묘원

행복한 숲

창간사

월간 옹달샘이 창간되었습니다. 이제 수행자 여러분들에게 좀 더 가까이 다가갈 수 있어 매우 기쁩니다. 월간 옹달샘을 창간하도록 도움을 주신 많은 분들께 진심으로 감사드립니다.

무슨 일이나 시작은 그렇게 거창하지 않습니다. 옹달샘이라는 글을 쓴 것도 매우 우연한 기회였습니다. 다음카페에서 '한줄 메모장'이라는 게시판을 제공하여서 2004년 9월 29일부터 위빠사나 수행에 대한 아포리즘을 쓰기 시작했습니다.
이렇게 시작한 글이 해를 거듭하면서 한줄이 두줄로, 이제는 더 많은 양의 글을 쓸 수 있어 현재까지 진행되고 있습니다. 그리고 이 글을 정리하여 불교방송 5분 명상이라는 프로그램에서 새롭게 선보였습니다. 이런 과정을 거쳐 월간 옹달샘이 태어났습니다.

그러므로 이 책은 5분 명상을 통해 방송된 한달치 원고와 녹음을 책과 오디오시디로 함께 엮은 오디오북입니다.

글을 쓰는 것은 기쁨이었습니다. 제 자신이 깨어있으려는 사명감을 가지고 매일 글을 썼습니다. 때로는 의무적으로 썼지만 때로는 사물을 보는 새로운 시각이 생겨 쓰기도 했습니다. 그렇게 하여 옹달샘은 그간 제 삶의 족적이기도 합니다. 이러한 과정을 통하여 생각이 정리되었습니다. 지금까지 글을 쓰면서 제 말이 저의 진실이 되도록 노력하였습니다.

아직 배울 것이 많은 사람이 부족한 의견을 드러내어 심히 부끄럽습니다. 허물이 있더라도 너그럽게 용서해 주시기 바랍니다. 월간 옹달샘의 창간을 진심으로 축하합니다.

묘원 합장

차례

트랙1

1.생사 2.부귀영화 3.좋은 일 4.걱정 5.수행 6.예의 7.무상

생사

누구나 태어나면 반드시 죽어야 한다.
그렇기 때문에 태어남이란 죽기 위한 것이다.

이처럼 누구에게나 오는 죽음을
두려워하거나 피하려고 하지 말아야 한다.

죽음을 두려워하면 두려워할수록 더욱 괴로움에 빠진다.

그러나 죽음을 두려워하지 않고
있는 그대로 보면 가장 위대한 죽음을 맞이한다.

이것이 바로 깨달음이고 다시 태어나지 않는 죽음이다.
죽음은 자연스러운 일이므로 언제나 맞이할 준비를
해야 한다.

훌륭한 죽음은 몸과 마음에 대한 집착이 없는 것이다.
몸과 마음을 집착하면 과보가 생겨
다시 태어나는 고통을 겪는다.

집착하지 않으면 과보가 없어
다시 태어나는 고통을 겪지 않는다.

다시 태어나지 않는 것이 죽지 않는 것이다.
나와 내 가족을 집착하면 윤회계를 벗어나지 못한다.

내 몸과 마음은 나의 것이 아니고
단지 조건에 의해서 생긴 것이다.

내 가족도 나의 것이 아니고
조건에 의해 모여서 살다가 헤어지는 생명들이다.

저마다 이렇게 찾아온 것은 그냥 가도록 내버려 두어야 한다.

혼자 태어나서 혼자 가는 길을
그냥 지켜보면 더 이상 집착할 것이 없어
영원한 자유를 얻는다.

12월 1일

부귀영화

세상의 부귀영화는 나의 것이 아니다.
그것들은 일어날 만한 조건에 의해 일어난 것이며
일어난 순간에 사라진다.

부귀영화는 자신의 마음이 느끼는 것이고
이 느낌은 한순간에 일어나서 일어난 순간에 사라진다.

누구도 부귀영화를 영원히 소유할 수 없다.
그러므로 부질없는 꿈을 꾸지 마라.

세상의 부귀영화란 얻지 못해서 괴로운 것이며
얻으려고 잘못을 저질러서 괴로운 것이고
얻으면 달아날까봐 괴로운 것이고
얻어도 더 많이 얻고 싶어서 괴로운 것이다.

자신에게 주어진 것이면 좋은 것이나 나쁜 것이나
모두 알아차려서 있는 그대로 지켜보아야 한다.

설령 그것이 고통이라고 해도 알아차려야 하며
즐거움이라고 해도 알아차려야 한다.

올 것이 왔다면 피하지 말고 지켜보아야 한다.
부귀영화가 잘못된 것이 아니다.

다만 이것을 얻기 위해 탐욕을 일으키고
화를 내고 어리석은 행동을 하는 것이 잘못이다.
선한 일을 해서 얻는 부귀영화는 당연히 누려야할 복덕이다.

가장 큰 부귀영화는 마음을 청정하게 하는 수행을 해서
수행을 해서지혜를 얻는 것이다.　　　　　　　12월 2일

좋은 일

좋은 일을 했다고 해서 모두 칭찬받는 것은 아니다.
좋은 일도 자기가 하기 나름이다.

잘못하면 좋은 일을 하고도 오히려 욕을 먹는다.
그러므로 좋은 일을 할 때 자신을 과시 하거나
남을 업신여기면서 하면 비난을 받는다.

좋은 일이라고 해서 자신의 욕망대로 하면
남에게 고통을 준다.

좋은 일도 나만 좋으면 안 되고
나도 좋고 남도 좋아야 한다.

그러므로 시작할 때도 좋아야 하고

중간에도 좋아야 하며 끝도 좋아야 한다.

자신의 욕망을 충족시키기 위해서 하는 좋은 일은
시작은 좋지만 중간과 끝이 좋지 않다.

마음가짐이 바르지 못한 사람은
남이 하는 선행을 좋아하지 않는다.

그러므로 남이 잘못되기를 바라는 마음이 있으면
좋은 일도 잘못이라고 비난을 한다.

그래서 아무리 좋은 일을 한다고 해도
남의 비난으로부터 자유로울 수 없다.

자신이 할 일이라서 하면 남이 비난을 하더라도

겸허하게 받아들일 수 있다.

가장 좋은 일은 자신이 선행을 해서 얻은
과보조차도 남을 위해서 아낌없이 내놓는 것이다.

이것을 회향이라고 한다.

12월 3일

걱정

자신의 일을 걱정하지 마라.
올 것이 온 것이며 갈 것이 간 것이다.
걱정을 한다고 해서 문제가 해결되지 않는다.

자신이 행한 대로 받으며
자신이 가졌던 마음가짐만큼 받는다.

누구나 자기 수준만큼 생각하고
생각한 수준만큼 행동하며 그만큼의 결과가 생긴다.

세상의 일을 걱정하지 마라.
올 것이 온 것이며 갈 것이 간 것이다.

걱정을 한다고 해서
세상의 일이 해결되지 않는다.

모든 것들은 세상 사람들이 행한 대로 받으며
세상 사람들이 가졌던 마음가짐만큼 받는다.

자기 수준만큼 생각하고
생각한 수준만큼 행동하며
그만큼의 결과가 생긴다.

걱정한다고 해서 안 될 일이 되지 않는다.
오히려 걱정을 해서 될 일이 되지 않는다.

모든 것은 자신의 마음이 투사해서 생기므로
공연히 걱정을 해서 일을 그르치지 말아야 한다.

행한 대로 받는다면 무엇을 걱정하고
무엇을 두려워하겠는가?

이제 걱정하는 일로 세월을 보내지 마라.
먼저 걱정하는 것을 알아차리고
자신이 해야 할 일이 무엇인지를 알아서
그 일을 하면 된다.

언제나 자기 할 일을 하는 것이
수행자의 본분이다.

12월 4일

수행

탐욕이 많은 사람은 노력은 하지 않고 수행이 잘 안된다고
불평만 한다. 수행은 새로운 습관을 길들이는 과정이라서
원래가 잘 안 되는 것이다.

위빠사나는 잘 안 되는 것을 알아차려서
있는 그대로의 현상을 받아들이는 수행이다.

이것이 선한 마음을 갖는 관용의 시작이다.
처음부터 수행이 잘 된다면 결코 바른 법을 보지 못한다.

수행의 궁극의 목표는 나 없음을 알아서
집착을 하지 않는 것이다.

그런데 처음부터 수행이 잘 된다면
결코 나 없음을 알 수가 없어 집착을 여읠 수가 없다.

누구나 계속해서 노력을 하면 약간의 집중력이 향상된다.
하지만 이것도 일시적인 현상이며 다시 잘 안 되는 과정이
되풀이 된다.

청정과 지혜가 성숙될 때마다 새로운 장애가 끊임없이 나
타난다. 이때 장애를 법으로 알아차려야 더 높은 지혜의
단계로 갈 수 있다.

수행 중에 나타나는 것들은 모두 알아차릴 대상이다.
좋은 현상도 대상이며, 좋지 않은 현상도 똑같이 알아차려
야 할 대상이다.

이렇게 대상으로 삼을 때만이 청정한 지혜가 성숙된다.

12월 5일

예의

상대에 대한 예의를 갖추지 않고 무례한 것은
범부가 저지르는 선하지 못한 행위다.
이런 행위의 근본원인은 어리석기 때문이다.

알아차리지 못하면 양심과 수치심이 없고
부끄러운 줄 몰라서 잘못된 행동을 한다.
그리고 이런 행동을 오히려 자랑스럽게 생각한다.

이런 사람들의 특성은 탐욕이 많고 내가 최고라는 사견이
있으며 자만에 중독되어 있다.

이런 사람은 보고도 보지 못하는 장님이다. 그래서 범부는
보고도 모르는 사람일 뿐만 아니라 알려고 하지 않는 사람
이다. 그러므로 자기 성에 갇혀 고립된 채로 살아야 한다.

상대에 대한 예의를 갖추고 대상을 알아차리는 것은 수행자의 선한 행위다. 이런 행위의 근본원인은 지혜가 있기 때문이다.

믿음이 있으면 양심과 수치심이 있고 부끄러움을 알아 바르게 행동한다. 이런 사람의 특성은 탐욕이 없고 성내지 않으며 항상 중도를 취한다.

그래서 몸과 마음이 가볍고 부드러우며 능숙하기 때문에 항상 바르다. 또 바른 말, 바른 행위, 바른 직업의식을 가지고 자비희사의 무량한 행위를 한다.

이런 사람은 보고 아는 눈 밝은 사람이다.

12월 6일

무상

같은 것을 보고 같은 말을 듣고 같은 글을 읽어도
모두 같은 것이 아니다.

보고 듣고 읽을 때마다 같은 마음이 아니기 때문이다.
대상도 항상 변하고 대상을 보는 마음도 매순간에 변한다.

이렇게 아는 것이 법을 보는 것이다.
이렇게 알아야 비로소 무상의 지혜가 난다.

무상의 지혜를 계발하기 위해서는 계속해서 보고 듣고 읽
어야 한다. 같은 것을 계속 알아차릴 때만 안개가 걷히고
실재가 드러난다.

한번 보고 듣고 읽는다고 단번에 무상을 알기는 어렵다. 아직
대상을 통찰할 수 있는 고요함이 생기지 않았기 때문이다.

진리는 먼 곳에 있지 않고 자신의 몸과 마음에 있으며,
계속해서 알아차릴 때만 지혜가 완성된다.

해가 떠서 기울듯이 언젠가 그 끝이 있기 마련이다.
그때까지 쉬지 말고 계속해서 알아차려야 한다.

알아차리다가 말면 조건이 성숙되지 않아 법을 발견하지
못한다. 무상은 스스로의 법을 드러내고 있지만 아는 힘이
없기 때문에 보지 못한다.

그러므로 먼저 대상을 있는 그대로 알아차려야 하며
다음으로 알아차림을 지속해야 한다.

12월 7일

트랙2

범부와 성자

범부는 자신이 누구인지 모른다. 그래서 내가 있다고 생각
하여 물질을 얻기 위해 정신을 퇴보시키는 잘못을 행한다.

범부는 가지면 가진 만큼 교만하고 알면 아는 만큼 자아가
강하다. 교만하고 자아가 강하면 괴롭다.

그래서 가져도 가진 것이 아니고 알아도 아는 것이 아니
다. 범부는 갈 길을 모르는 사람이라서 괴로움뿐인 끝없는
윤회의 여정을 거쳐야 한다.

있는 것을 있는 그대로 보지 못하면
독을 독으로 보지 못하고 보석이라고 본다.

그래서 잘못된 것을 애지중지 하기 때문에
끝없는 태어남과 끝없는 죽음을 맞이해야 한다.

성자는 자신이 누구인지 안다. 그래서 내가 없다고 생각하여 바람이 없이 구하며 물질을 얻기 위해 정신을 퇴보시키지 않는다.

성자는 가져도 교만해지지 않고 알아도 겸손하다. 이렇게 되었을 때만 바르게 구하는 것이고 바르게 가진 것이며 바르게 아는 것이다.

성자는 갈 길을 아는 사람이라서
괴로움뿐인 윤회의 길을 가지 않는다.

있는 것을 있는 그대로 보기 때문에 독을 독인지 알고 보석을 보석인지 알아 다시 태어나지 않아 죽을 일이 없다.

12월 8일

관념과 실재

마음을 비우는 것은 관념이고
마음을 알아차리는 것은 채움이며 실재다.

마음을 비우면 번뇌라는 도둑이 들어와서
주인행세를 한다.

마음은 언제나 알아차림으로 가득 채워야 한다.
그래야 번뇌라는 도둑이 들어와 주인행세를 하지 못한다.

비운다는 것은 탐욕, 성냄, 어리석음이 없는 마음을 말하지
만 비우려고 노력하는 것이 새로운 탐욕을 일으키는 것이다.

마음은 비우려 한다고 해서 비워지는 것이 아니다.
오직 알아차림에 의해 번뇌가 침투하지 못하도록 해야 한다.

그러므로 비운다는 관념적인 생각보다
알아차리는 구체적인 실천이 있어야 한다.

마음은 대상을 아는 것이다. 마음이 대상을 알 때
알아차림이 없으면 습관적인 마음으로 본다.

알아차림이 있으면 깨어서 보기 때문에 번뇌를 가지고 보
지 않는다. 수행자는 번뇌를 소멸하기 위해 마음을 비우려
고 하기보다 있는 마음을 알아차려야 한다.

알아차리지 못하는 마음일 때는 감각적 쾌락을 추구하는
마음이거나 극단적 고행을 하는 마음이거나 아무 것도 모
르는 무지의 마음이다.

12월 9일

진실

진실은 한순간에 있으며 현재의 몸과 마음에 있다.
아무리 많은 시간이 있어도 한순간들이 모여서 지속되는
현상에 불과한 것이다.

조금 전에 있던 순간은 지나가고 현재가 되며,
현재라고 하는 순간은 이미 과거가 된다.

이러한 한순간의 진실은 일어나면 사라진다는 것이다.
이러한 변화의 진실은 오직 자신의 몸과 마음에서만 분명
하게 알 수 있다.

자신의 몸과 마음이 아닌 것은 내가 본다는 유신견을 가지
고 보기 때문에 사물의 실재를 있는 그대로 보지 못한다.

그래서 진실은 반드시 자신의 몸과 마음에서 찾아야 한다.

한순간을 바르게 알아야 진실을 알 수 있고
몸과 마음을 바르게 알아야 진실을 알 수 있다.

한순간에 모든 진실이 담겨져 있으며
몸과 마음에 모든 진실이 담겨져 있다.

그러므로 현재 여기에 있는 몸과 마음을 알아차릴 때만
무상, 고, 무아를 알 수 있다.

현재를 떠난 것은 과거이거나 미래이므로 실재하는 것이 아
니다. 실재하는 것이 아니기 때문에 진실을 볼 수가 없다.

몸과 마음을 통해서 본 것이 아니면 관념으로 본 것이라서
대상의 실재하는 진실을 알 수가 없다.

12월 10일

토끼와 거북이

수행은 토끼와 거북이의 경주다.

토끼가 빠르지만 자신의 속도를 충실히 하는 거북이가 승리하는 것처럼 수행은 속도가 중요한 것이 아니고 알아차리는 내용이 중요하다.

수행자가 무디면 단순하고 예민하면 들뜬다.
무디면 인내하지만 예민하면 감각에 치우친다.

수행은 들뜨고 의심하기보다 단순하게 지켜보는 것이 좋다. 단순하게 보아야 있는 그대로 본다. 단순하게 보려면 반드시 몸과 마음을 알아차려야 한다.

알아차리면 부족하지도 않고 넘치지도 않는다.
이렇게 알맞은 조건이 성숙되었을 때만 지혜를 얻는다.

수행은 스스로의 길을 홀로 가는 것이다. 스승은 단지 가야 할 길을 안내할 뿐이며 길을 가는 것은 오직 자신의 힘으로 가야한다.

이렇게 가면 어리석음에서 고요함의 세계로
고요함에서 지혜의 세계로 간다.

이 길은 누구와도 함께 갈 수 없다. 그러므로 스승도 원하는 사람에게만 법을 줄 수밖에 없다.

인간은 가족과 사회라는 테두리 안에서 살지만
사실은 혼자 태어나서 혼자 살다가 혼자 죽는다.

누구도 자신의 삶과 죽음을 대신할 수 없다.

12월 11일

괴로움

지금 자신이 괴로운 것은 지금 이전과 전생의 탐욕과 성냄
과 어리석음으로 인해서 생긴 과보로 괴로운 것이다.

이러한 괴로움은 누가 준 것이 아니고
모두 자신이 만든 것이다.

그래서 괴로움은 피할 수 없는 것이며
반드시 겪어야 하는 불가피한 것이다.

자신이 만든 괴로움을 다른 것으로 해결하려고 해서는 결
코 해결할 수가 없다. 오직 자신의 알아차림으로만 해결할
수 있다.

받을 수밖에 없는 괴로움을 받지 않으려고 하는 것이 잘못
된 견해다. 받을 괴로움을 알아차리면 이미 괴로움이 아니다.

자신이 만든 어쩔 수 없는 괴로움을 계속해서 한탄만 하고 있어야 하겠는가? 지금 새로운 원인을 만들어서 지금도 지금 이후도 다음 생에도 괴롭지 않도록 해야 한다.

있는 괴로움은 알아차리는 마음으로 대체할 때만 괴로움으로부터 벗어날 수 있다.

괴로움은 누구도 풀어 줄 수 없고 오직 괴로움을 만든 자만이 풀 수 있다. 그러기 위해서는 현재 여기에 있는 자신의 몸과 마음을 알아차려야 한다.

자신의 몸과 마음을 알아차려서 마음을 길들이는 것이 가장 좋은 원인을 만드는 것이다.

축적된 성향

사람들이 모두 자기 마음대로
세상을 사는 것 같지만 사실은 그렇지 않다.

자기가 하고 싶다고 해서
모두 마음먹은 대로 행할 수 있는 것이 아니다.

누구나 자신의 축적된 성향에 의해 조정을 받으면서 살기
때문에 자신의 의지가 개입될 여지가 적다.

축적된 성향은 지금까지 살면서 만들어진 원인에 의해 생
긴 결과다. 이것을 과보라고 하며 성격이라고도 한다.

그러므로 내가 사는 것이 아니고
원인과 결과가 굴러가면서 사는 것이다.

마음은 순간에 일어났다가 사라지고
다음에 일어난 마음은 새로운 마음이다.

이때 내 마음이 굴러가는 것이 아니고
마음에 있는 과보가 굴러가는 것이다.

이처럼 과보의 힘으로 굴러가서 다음 마음을 일으키기 때
문에 내 마음대로 사는 것이 아니고 축적된 성향대로 사는
것이다.

수행을 할 때도 모두 자기 성향대로 한다.
불선과보가 많은 사람은 바른 것을 왜곡한다.
그러나 선과보가 많은 사람은 바른 것을 바르게 본다.

수행자가 대상을 있는 그대로 본다는 것은

축적된 성향으로 보지 않고 있는
그대로의 진실을 보는 것이다.

12월 13일

노예

탐욕은 자신도 느끼지 못하는 매우 작은 것들을
바라는 마음으로부터 시작한다.

무엇이나 무심히 좋아하는 마음으로 시작하지만 시간이 지
나면 자신도 모르게 집착을 해서 탐욕의 노예로 산다.

그러므로 처음부터 모든 대상을 알아차려야 노예로 살지
않는다. 감각적 욕망은 달콤하기 때문에 괴로움이 감추어
져 있다.

그러다 때가 되면 욕망이 남긴 엄연한 현실 앞에 고통을
겪어야만 한다. 꿀을 먹으려는 개미가 꿀에 빠져서 죽는다.
욕망의 끝에는 언제나 감각적 욕망을 추구한 만큼의 결과
가 기다리고 있다.

누구나 처음부터 탐욕을 없앨 수는 없다.
누구나 좋아하는 마음이 있어서 살기 때문이다.

그렇다고 해서 절제가 없이 좋아한다면 반드시 집착으로
발전하여 그에 따른 과보를 받아야 한다. 그러므로 사소한
것을 좋아하는 마음부터 알아차리면 차츰 욕망이 제어될
수 있다.

수행자의 알아차림은
괴로움을 막아서 스스로를 보호하는 계율과 같은 것이다.

이렇게 알아차려서 생긴 지혜로 모든 괴로움의 원인이 탐
욕이라는 사실을 알면 자유를 얻는다.

12월 14일

트랙3

앎

자신이 안다고 할 때 모든 것을 완전하게 아는 것이 아니다. 자신이 아는 것은 오직 자신의 견해에 비추어서 아는 것에 불과하다.

그러므로 자신이 아는 것을 지나치게 확신해서는 안 된다. 그렇게 되면 스스로 진실의 문을 닫아버리는 것이다.

그래서 확고한 지혜로 대상을 알 수 있을 때까지는 판단을 유보해야 한다. 세상에는 자신이 아는 것 말고도 다른 진실이 있다는 것을 자각해야 한다.

처음에는 남이 한 말을 들어서 알거나 책을 읽어서 알거나 생각으로 알기 시작한다. 이것은 이해하는 수준으로 아는 것이라서 지식이다. 다음으로 사유를 통해서 아는 단계가 있다. 여기까지가 철학의 영역이다.

하지만 생각은 생각에 그치기 때문에
언어의 유희에 빠질 수 있다.

그러므로 이것도 표피적으로 아는 것이지 완전하게 아는
것이 아니다. 완전하게 아는 것은 대상의 성품을 알아 괴
로움을 해결하는 방법을 아는 것이다.
이것이 위빠사나의 통찰지혜다.

알아서 끊을 수 있을 때 완전하게 아는 것이지
그렇지 않고는 완전하게 아는 것이 아니다.

지식과 사유에는 번뇌가 있지만
지혜는 번뇌를 남기지 않는다.

12월 15일

호흡

태어나서 죽을 때까지 살아 있다는 것은 숨을 쉬는 것이다. 그러므로 생명은 호흡과 호흡 사이에 있다.

이러한 호흡은 숨을 쉬고 싶다고 해서 쉬는 것이 아니며 숨을 쉬고 싶지 않다고 해서 쉬지 않을 수 있는 것이 아니다.

만약 내 마음대로 숨을 쉴 수가 있다면
죽지 않고 영원히 살 수도 있다.

그러므로 호흡은 조건에 의해서 쉬는 것이므로
내가 있어서 마음대로 쉬는 것이 아니다.

숨을 쉴만한 조건이 끝나면
더 이상 호흡을 하고 싶어도 할 수가 없다.
그러므로 호흡을 통하여 무아를 알 수 있다.

호흡은 건강한 몸과 마음이 있어야 하며
쾌적한 환경이 있어야 한다.

그러므로 숨을 쉴만한 여러 가지 조건이 성숙되어서
숨을 쉬는 것이다.

건강한 몸과 마음일 때는 건강한 호흡을 하며
병든 몸과 마음일 때는 병든 호흡을 한다.

이제 조용히 당신의 호흡을 지켜보아라.

호흡이 고요하면 당신의 마음은 평온한 상태이며
거친 호흡이면 당신의 마음이 번뇌로 휩싸여
있음을 알 것이다.

12월 16일

두 가지 법

법은 알아차릴 대상의 법이 있고 진리의 법이 있다.

수행은 대상이 있어야 하고 그 대상을 알아차리는 것이
법을 알아차리는 것이다.

이렇게 지속적으로 대상을 알아차리면 나중에는
진리인 무상과 고와 무아의 법이 자연스럽게 드러난다.

문제가 있는 곳에는 법이 없다.
반대로 문제가 없는 곳에는 법이 있다.

수행자가 무엇이나 알아차리면
그 순간에 알아차릴 대상이 되어서 문제가 소멸된다.

하지만 알아차리지 못하면 대상 자체가 가지고 있는 힘으로
인해 문제가 야기된다.

사람과 사람사이에서도 법으로 대하면

알아차리는 순간에 관용이 생겨 다툼의 소지가 없다.

그러나 사람과 사람 사이에 법으로 대하지 않으면
알아차리지 못해 탐욕과 성냄과 어리석음으로
대하기 때문에 반드시 다툼의 소지가 있다.

이처럼 괴로운 문제는 모두 알아차리지 못해서 생기며
진리의 법을 몰라 집착하기 때문에 생긴다.

알아차리는 마음은 지혜로운 마음이며
알아차리지 못하는 마음은 무지한 마음이다.

12월 17일

괴로움의 소멸

괴로움을 있는 그대로 알아차리면 있던 괴로움은 사라진다.
괴로움을 알아차리는 새로운 마음이 일어났기 때문이다.

그러나 알아차린다고 해서
괴로움이 완전하게 소멸하는 것은 아니다.

얼마나 정확하게 알아차리고,
성심을 다하여 노력하면서 알아차리고,

얼마나 집중을 해서 지혜가 성숙되었느냐에 따라
괴로움이 소멸하는 정도가 다르다.

괴로움의 소멸은
순간적인 소멸과 일시적인 소멸과 완전한 소멸이 있다.

괴로움을 알아차릴 때 정확하게 알아차리면
괴로움이 순간적으로 소멸한다.

이러한 알아차림이 지속되어 집중이 되면
괴로움이 일시적으로 소멸한다.

그리고 이런 알아차림과 집중에 의해서 생긴 지혜가 성숙
되어야 비로소 괴로움이 완전하게 소멸한다.

위빠사나 수행자의 지혜의 단계에 따라서
소멸과정도 다르다.

모든 일은 합당한 노력을 해야 합당한 결과를 얻는다.
그렇기 때문에 수행자는 먼저 대상을 알아차려야 한다.

그리고 알아차림을 지속해서 집중을 해야 한다.
이러한 집중의 결과로 통찰지혜를 얻도록 노력해야 한다.

12월 18일

힘의 양극화

괴로움을 일으키는 힘이 강한 자는
괴로움을 소멸시키는 힘도 강하다.

한쪽의 힘이 강하면 그것을 해결하려는 다른 한쪽의 힘도
똑 같이 강하다. 그래서 괴로움이 많은 사람이 수행을 더
열심히 한다.

괴로움을 일으키는 욕망이 강하면
괴로움을 해결하려는 욕망도 강하다.

잘못을 저지른 자가 오히려 크게 개선되는 것은 바로 이런
이유 때문이다. 선을 표방하던 자가 좌절을 해서 다른 사
람보다 더 추악해지는 경우도 이와 유사하다.

그래서 자신의 힘이 강할 때는
그 힘을 어느 쪽으로 어떻게 쓰느냐가 중요하다.

수행을 할 때 번뇌를 억누르는 수행은

일시적으로 고요함을 얻어 자유롭지만
이것은 완전한 해결책은 아니다.

그러나 번뇌를 억누르지 않고 있는 그대로 지켜보는
수행은 통찰지혜가 일어나 번뇌를 관통해 버린다.

이것이 사마타 수행과 대상을 분리해서 알아차리는
위빠사나 수행의 차이다.

같은 힘을 쓸 때에도 억제해서 쓰는 힘은
반발력을 일으켜 부작용을 일으킬 수 있다.

하지만 억제하지 않고 자연스럽게 알아차리는 힘은
모든 번뇌를 잠재울 수 있다.

12월 19일

바른 노력

누구나 괴로울 때는
괴로운 만큼 벗어나려는 노력을 한다.

괴로움이 절실하면 노력도 더 열심히 하기 때문에
괴로움이란 오히려 새로운 힘의 원천이 될 수 있다.

그러나 어떤 노력을 하느냐에 따라 괴로움이 소멸할 수도
있고 때로는 더욱 괴로울 수도 있다.

괴로울 때는 괴로움을 없애려고 하지 말고
있는 그대로 지켜봐야 한다.

그러면 괴로움은 단지 대상일 뿐이며
생길만해서 생긴 것이라는 원인과 결과를 알게 된다.

이렇게 될 때 괴로움은 오히려 지혜를 주는 대상이다.
모든 지혜는 괴로움을 바탕으로 일어난다.

하지만 어떻게 대처하느냐에 따라
지혜가 될 수도 있고 오히려 파멸의 길을 갈 수도 있다.

그러므로 괴로움을 두려워하지 마라. 괴로움을 없애려고
다른 것에 집중하는 것은 일시적인 방편이다.

괴로움을 없애려고 하면
영원히 괴로움에서 벗어날 수 없다.

사실 괴로움보다 더 위험한 것은
괴로움을 두려워하는 것이다.

괴로움은 견딜만한 것이지만 괴로움으로 인해서
생기는 두려움이 더욱 공포를 일으켜
괴로움을 제어할 수 없도록 한다.

12월 20일

두려움

두려움은 두려움을 먹고 더 성장한다.
두려울 때는 두려워하는 마음이 더욱 두려움으로 내몬다.

그래서 필요이상으로 고통을 겪어야 한다.
두려움은 아직 오지 않은 미래를 걱정하는 것이다.

아직 오지 않은 미래를 두려워하는 것은
오히려 미래에 잘못된 결과가 생기도록 예측하는 것이다.

그래서 두려울 때는
먼저 두려워하고 있는 마음을 알아차려야 한다.

두려움은 원인이 있어서 생긴 결과다.

어떤 두려움이나 인내를 하면서
이 결과를 존중하는 알아차림이 필요하다.

그러므로 두려움을 없애려고 해서는 안 된다.

두려움을 없애려고 하면 더욱 불안해져서 두려움이 커진다. 그러므로 두려움을 단지 알아차릴 대상으로 지켜봐야 한다.

두려울 때는 두려워하는 마음을 알아차린 뒤에
가슴으로 가서 콩닥거리는 느낌을 지켜보아야 한다.

이렇게 두려움을 대상으로 받아들이면 그 순간 이미 안정이 되고 두려움을 지켜보는 힘이 생긴다.

두려울 때는 어떤 불이익과 손실도
어떤 고통도 달게 받겠다는 관용이 필요하다.

그것이 설령 실패라 하더라도
있는 그대로 겸허하게 받아들여야 한다.

12월 21일

트랙4

위빠사나의 도

위빠사나 수행은
몸과 마음이란 대상을 알아차리는 것이다.

먼저 대상을 알아차려야 하고
다음에 알아차림을 지속시켜야 한다.

이렇게 알아차리면 고요한 마음이 생기고 그 다음에 대상
이 일어나고 사라지는 것을 아는 지혜가 생긴다.

이것이 무상의 지혜다.

수행은 단순히 알아차리는 것으로 그쳐서는 안 된다.
알아차림이 지속될 때만 고요함이 생긴다.

이런 고요함에 의한 집중의 상태에서만 일어나고 사라지는
무상을 알 수 있다.

이렇게 일어나고 사라지는 대상의 성품을 아는

무상의 지혜를 위빠사나의 도라고 한다.

그러므로 알아차림을 시작하는 것만으로는
위빠사나의 도라고 말할 수 없다.

무상을 아는 위빠사나의 도에 이르러야 비로소 존재하는
것의 속성인 괴로움과 무아를 알게 된다.

괴로움을 알아 괴로움을 해결하기 위해 노력해도 해결될 수
없다는 자각이 일어날 때 가장 소중한 무아의 법을 안다.

무아는 마음이 없다는 것이 아니다. 항상 하는 마음이 아니
며 자아가 있어서 내 마음대로 할 수 있다는 것이 아니다.

이러한 무아의 법을 알 때만
존재의 속성을 알아 모든 집착으로부터 자유로워진다.

청정

보통사람들은 내가 대상을 보지만
위빠사나 수행자는 내가 대상을 보지 않고
단지 마음이 대상을 본다.

보통사람들이 생각할 때는
나의 감각기관이 대상과 부딪쳐서 내가 알지만,

위빠사나 수행자는 내가 아니고
단지 감각기관이 대상과 부딪쳐서 안다.

수행은 내가 하는 것이 아니고
단지 감각기관이 감각대상을 알아차리는 것이다.

이렇게 알아차리면 어떤 고정관념 없이
대상을 있는 그대로 알아차릴 수 있다.

이렇게 알아차릴 때만이 탐욕과 성냄과 어리석은 마음을

갖지 않고 대상을 본다.

단지 감각기관이 감각대상을 있는 그대로
알아차릴 때를 청정하다고 한다.

이렇게 알아차리면 제일 먼저 계율이 청정해지고 이러한
청정에 의해 마음이 청정해지며 다시 바른 견해가 생겨 견
해가 청정해진다.

견해가 청정해지면 원인과 결과를 알아 의심에서 해방되는
청정에 이르고 다음에는 도와 도가 아닌 것을 아는 청정에
이른다.

그리고 지혜가 성숙하는 행도지견청정에 이르러 마지막에
는 열반을 성취하는 지견청정에 이른다.

하나의 바른 시작이 이렇게 큰 결과를 가져온다.

12월 23일

보시

대상을 있는 그대로 알아차리면
관용이 생겨 보시의 마음이 일어난다.

대상의 법을 진리의 법으로 알아차리면
지혜가 나서 보시를 한다.

그래서 물질의 이익보다 정신의 이익이
가치가 있다고 아는 수행자가 기꺼이 보시를 한다.

선하지 못한 마음은 탐욕이 있어 자신에게도 베풀지 못하
고 남에게도 베풀지 못하지만, 선한 마음은 자애가 있어
자신에게도 베풀고 남에게도 아낌없이 베푼다.

베풀면 스스로를 돕고 보호하며
더불어 남을 돕고 보호한다.

남을 위해 베푸는 것이 자신에게 베푸는 것이다.

지혜가 있는 마음에는 오직 베푸는 것밖에 없다.
베푸는 것만큼 행복한 것은 없다.

인간의 가장 큰 공덕은 바라지 않고 베푸는 것이다.

그래서 베풀기 전에도 즐거운 마음이어야 하며
베풀 때도 즐거운 마음이어야 하고
베풀고 나서도 즐거운 마음이어야 한다.

아무리 먹을 것이 없을 때라도 아무것도 바라지 않고
보시를 하는 것이 가장 아름다운 보시다.

12월 24일

원인과 결과

나는 어느 곳에서 와서 여기에 태어나지 않았다.
단지 과거의 원인으로부터 현재의 결과로 왔다.

이때 내가 온 것이 아니고
과거의 과보가 원인이 되어 현재의 결과로 연결되었다.

나는 죽어서 어디로 가지 않는다.
단지 현재의 원인으로부터 미래의 결과로 간다.

이때 내가 가는 것이 아니고
현재의 과보가 원인이 되어 미래의 결과로 연결된다. 이것
만이 실재하는 진실이다.

태어나고 죽는 것은 내가 태어나고 내가 죽는 것이 아니
다. 단지 조건이 일어났다가 조건이 사라지는 연속적인 현
상만 있다.

만약 현재의 원인이 미래를 결정할만한 것이 없으면

미래가 생기지 않는다. 이것이 열반이다.

열반은 탐욕과 성냄과 어리석음의 번뇌가 불타버려서 새로운 생이 일어나지 않는 것이다. 아라한이나 부처가 죽은 뒤에 어디로 가는 것이 아니다.

죽기 전의 마음의 상태가
아무 것도 바라는 마음이 없기 때문에
새로운 원인을 일으키지 않아 단지 결과가 소멸한 것이다.

원인과 결과가 있는 것이 윤회고
원인과 결과가 사라진 것이 해탈의 자유로
윤회가 끝나는 것이다.

그러므로 바람 없이 대상을 알아차린다는 것이
새로운 원인을 만들지 않는 것이다.

12월 25일

의지처

자신의 몸과 마음을 의지 처로 삼는 것만이
가장 안전하고 확실하게 사는 길이다.

그러나 가장 믿을 수 없는 것도 자신의 몸과 마음이다.

몸과 마음이 있어서 관용과 계율을 지키고 수행을 하여 깨
달음을 얻지만 오히려 몸과 마음이 있어서 탐욕과 성냄과
어리석음으로 불선행을 일삼아 괴로움이 생기기도 한다.

그러므로 자신의 몸과 마음을 무조건 의지처로 삼아서는
안 된다. 앞서가신 위대한 스승들의 가르침에 따라 아무
것도 바라는 마음 없이 알아차려야 한다.

이렇게 있는 그대로 알아차릴 때만
바르게 의지 처로 삼는 것이다.

부처님의 가르침에 따라 갈애가 없이

자신의 몸과 마음을 의지처로 삼을 때만
바른 법을 의지처로 삼는 것이다.

몸과 마음은 선행의 토대가 되기도 하지만
불선행의 토대가 되기도 한다.

이와 같은 선행과 불선행의 선택은
인간만 할 수 있는 조건이다.

이것을 선택하는 선한 방법이 바로 위빠사나 수행의 알아
차림이다. 알아차림이 있으면 선행을 하여 선과보를 받아
행복하다.

그러나 알아차림이 없으면 불선행을 하여 불선과보를 받아
불행하다. 그러므로 오직 자신의 몸과 마음을 알아차릴 때
만 번뇌로부터 자유로워진다.

12월 26일

자각

어리석은 사람은 해서는 안 되는 행위를 할 뿐만 아니라 그 과보로 인해 겪는 고통이 있어도 그것을 고통으로 알지 못한다.

오히려 숙명적인 것으로 알거나 고통을 달콤한 것으로 안다. 어리석음이 마음을 가렸기 때문이다. 때로는 자학적인 것을 즐기기도 한다.

지혜가 있는 사람은 해서는 안 되는 행위를 하지 않을 뿐만 아니라 설령 잘못된 행위를 했어도 그것이 고통인지를 안다. 그 고통이 얼마나 큰지를 알수록 지혜가 많은 사람이다.

지혜는 마음의 눈을 뜨게 하여 사물의 이치를 알게 한다. 그래서 자신을 학대하지 않는다.

완전한 지혜가 난 사람은 그 고통을 모두 알았기 때문에 다시는 잘못된 선택을 하지 않는다.

하지만 수행자는 아직 완전한 지혜가 나지 않아서 같은 잘못을 되풀이 했더라도 다시 알아차려야 한다.

이러한 반복만이 완전한 지혜로 가는 길이다.

잘못을 잘못이라고 알지 못하고
고통을 고통으로 알지 못하는 자가
가장 어리석은 자다.

왜냐하면 같은 잘못을 되풀이하고도 알아차리지 못하기 때문에 영원히 행복할 수 없다.

출세간의 삶

무엇이 자신을 화나게 하는가?

모든 사람들은 저마다 자기 수준의 일을 하면서
자기의 말을 한다.

그러므로 자신의 문제나 남의 문제로 화를 낼 때
화를 내는 범인은 오직 자신의 마음이다.

무엇이 자신을 슬프게 하는가?
슬픔과 비탄은 누구나 지니고 있는 성향이다.

누구에게나 많은 슬픔이 있지만 자신을 슬프게 하는 범인
은 오직 자신의 마음이다.

자신이 슬픔을 즐기기 때문에 슬픔으로부터 벗어나지 못한
다. 무엇이 자신을 괴롭게 하는가?

괴로움은 자신이 탐욕이 일으킨 불만족이다. 얻지 못해서

괴롭고 얻어도 만족할 수 없다. 그러므로 자신을 괴롭히는
범인은 오직 자신의 마음이다.

모든 것의 원인은 대상에 있지 않고
대상을 받아들이는 자신의 마음에 있다.

그 대상이 밖에 있는 것이거나
자신의 몸과 마음으로 인해 일어난 것이거나,

모든 것은 그것을 받아들이는 자신의 마음이 일으킨 것이
다. 대상에 끌려가면 세속의 삶을 사는 것이며
끌려가지 않으면 출세간의 삶을 산다.

12월 28일

트랙5

29.아름다운 마음 30.가야할 길 31.축적된 성향

아름다운 마음

마음이 아름다운 사람은 작은 것에도 만족하고
항상 자신이나 남에게 감사한 마음을 갖는다.

그래서 이익을 즐거워하거나
손실을 괴로워하지 않는다.

탐욕이 적다는 것은 마음이 아름다워서
자신의 분수를 아는 것이다.

마음이 더욱 아름다운 사람은
작은 것조차도 포기하고 아무것도 바라지 않는다.

그래서 작은 손해가 나더라도 쉽게 포기한다. 오히려 자신
의 이익보다 남의 이익을 위해 헌신적인 마음을 갖는다.

자신의 것까지 포기하기 때문에
바람이 없어 마음이 더욱 아름답다.

욕망이 많은 사람은 아무리 가져도 만족할 줄 몰라
탐욕의 노예로 살기 때문에 마음이 아름답지 못하다.
그러므로 어떤 손해도 용납할 수 없어 그만큼 괴롭다.

자신에게 알맞은 것을 바라는 사람은
작은 것도 쉽게 버릴 수 있어 언제나 자유롭고 행복하다.

하지만 욕망이 강해서 집착이 강한 사람은
무엇도 버릴 수가 없어서 행복할 수 없다.

아름다움은 얼굴이 아니고 마음이며
아름답지 못함도 얼굴이 아니고 마음이다.

12월 29일

가야할 길

보통사람은 좋아하거나 싫어하거나 무지한 상태로 살면서
이렇게 살고 있는 것이 괴로움인지 모른다.

범부는 모르기 때문에 괴로움을 즐거움으로 알고 살며
즐거움을 괴로움으로 알고 산다.

그래서 괴로움뿐인 세계에서 벗어나지 못하여
아직 가야할 길을 모르는 사람이다.

수행자는 좋아하거나 싫어하거나 무지하게 살다가
이렇게 행동하는 것이 괴로움인지를 알아차리면서 산다.

그러나 아직 궁극의 깨달음을 얻지 못했기 때문에
무지와 지혜를 반복하면서 산다.

하지만 한걸음씩 더 행복한 삶을 향해서 가기 때문에
가야할 길로 들어선 사람이다.

성자는 좋아하거나 싫어하거나 무지하지 않게
항상 알아차려서 괴롭지 않게 산다.

성자는 모든 것은 변하고 불만족이며
자아가 없다는 궁극의 깨달음을 얻었기 때문에
집착이 끊어져 모든 번뇌로부터 자유로운 사람이다.

그래서 가야할 길을 가는 사람이다.

보통사람은 모르기 때문에 연기를 회전시키지만
수행자는 모르다 알아차리기 때문에
연기를 회전시키기도 하고 멈추기도 한다.

성자는 지혜롭기 때문에
처음부터 연기를 회전시키지 않는다.

12월 30일

축적된 성향

누구나 내가 자기 삶을 사는 줄 안다.
사람들은 자신이 가지고 있는 축적된 성향으로 산다.

그러므로 나라고 하는 자아가 있어서 사는 것이 아니고
과보의 힘이 굴러가서 사는 것이다.

바로 과보의 굴레가 굴러가서
한 순간을 윤회하고 다시 한 일생을 윤회한다.

자신의 성격과 습관도 단지 원인과 결과에 의해서
일어나는 순간적인 마음의 흐름으로 여기에는 자아가 없다.

그래서 내가 사는 것이 아니고 자신의 습관으로 살며
자신의 성격으로 살고 있다.

그러므로 내가 나의 운명을 결정하는 것이 아니고
자신의 축적된 성향이 자신의 운명을 결정한다.

마음은 매 순간 일어나고 사라지면서
다음 마음에 새로운 종자를 전한다.

이것이 원인에 의한 결과이며 인과응보다.
그러나 지혜가 없으면 이것을 같은 마음이 지속하는
것으로 알아 자아가 있다는 잘못된 견해가 생긴다.

이것이 유신견이다.

자아가 있다는 견해를 가지면 자기 자신을 강화하기 위해
온갖 수단을 동원하게 되므로 괴로움 속에서 살 수밖에 없다.

실제로는 없는 자아를 내세우기 위해
괴로움 속에서 산다는 것은
억울하고 허망한 일이다.

12월 31일

매글마다 끝에 조그맣게 적힌 숫자는 그 글이 방송된 날짜입니다. 불교방송 5분 명상 홈페이지에 들어가서 그 날짜를 클릭하시면 다시듣기를 할 수 있습니다. 월간 오디오북 옹달샘은 매월 첫주에 발간되며 시디는 책 맨뒤에 부착되어 있습니다. 그리고 mp3 파일을 원하시는 분은 한국 명상원으로 전화 주시면 다운로드하는 방법을 알려드리겠습니다.

월간 오디오북 옹달샘 2011년 1월(창간호)

한 순간의 진실

2011년 1월 3일 1판 1쇄 인쇄
2011년 1월 6일 1판 1쇄 발행

지은이   묘원
펴낸이   곽준
편집 디자인 행복한 숲 편집부

펴낸곳 (주)도서출판 행복한 숲
출판등록 2004년 2월 10일 제16-3243호
주소 서울시 강남구 논현동 98-12 청호불교문화원 나동 3층 306호
전화 (02)512-5255, 512-5258 팩스 (02)512-5856
E-mail sukha5255@hanmail.net
http://cafe.daum.net/vipassanacenter

ISBN 978-89-93613-17-9
ISSN 2233-4556

정기구독 문의 02-512-5258(한국 명상원)

행복한 숲에서 펴낸 책

큰스승의 가르침
아신 자띨라 사야도 지음/오원탁 옮김/묘원 주해/13,000원

보니, 거기 세상이 있다
아신 자띨라 사야도 면담집/묘원 편주해/11,000원

아는 마음, 모르는 마음
황영채 지음/9,000원

쉐우민의 스승들
우 꼬살라 사야도, 우 떼자니아 사야도 지음/묘원 엮음/11,000원

어디서 와서 어디로 가는가
모곡 사야도 12연기 법문
우 탄다잉 편역/조영미 옮김/묘원 주해/15,000원

12연기와 위빠사나
우 소바나 사야도의 수행법문/묘원 편주해/20,000원

물위에 떠있는 공처럼
묘원 지음/10.000원

위빠사나 수행자의 근기를 돕는 아홉 요인
우 쿤달라 비왐사/김봉이 옮김/묘원 주해/15,000원

알아차림을 확립하는 위빠사나 수행
마하시 사야도 지음/김경화 옮김/13,000원

바라는 것이 없으면 괴로울 일이 없다
묘원지음/옹달샘 글 모음집/문고판/8,000원

와서 보라
묘원 지음/위빠사나 문답집/15,000원

대념처경
알아차림을 확립하는 큰 경/묘원 편역/12,000원

미소 지으며 죽는 법
모곡 사야도 법문집/김춘란 옮김/김일영 그림/12,000원

12연기 1,2
BBS불교방송 불교강좌 녹취록/묘원 법문/15,000원

대념처경 주석서 1,2,3
BBS불교방송 불교강좌 녹취록/묘원 법문/15,000원